Inhaltsverzeichnis

Vorwort

Liebe Kolleg*innen,

Kinder sind neugierig, wissbegierig und begeisterungsfähig ... insbesondere die jüngeren Kinder, die weniger verkopft und verschult an Sachverhalte herangehen. Leider werden diese Eigenschaften in der Schule oft durch klare Regeln und Vorgaben eingeschränkt bzw. sogar blockiert. Dabei kann gerade diese Neugierde genutzt werden, um auch schon jüngste Schüler*innen an offene Sachaufgaben heranzuführen und ggf. späteren Problemen im Umgang mit klassischen „Textaufgaben" vorzubeugen.
Einfache und auf die Kompetenzen der Schuleingangsphase angepasste Fermiaufgaben können hierzu einen entscheidenden Beitrag leisten. In den **offenen Aufgaben** haben die Kinder die Möglichkeit, frei, handelnd und auf kreative Weise Lösungsansätze zu finden.

Entsprechend den klassischen Fermiaufgaben kommen die Aufgaben in diesem Heft nahezu ohne Zahlen aus und müssen von den Kindern selbst gewonnen werden. Neben den bekannten **Strategien der Informationsbeschaffung** (Schätzen, Messen, Wiegen, Recherche, Befragung) ist es den Kindern aufgrund der geringeren Komplexität der Aufgaben in diesem Heft zudem oft möglich, sich handelnd durch **Ausprobieren** einer Lösung zu nähern (z. B. Turm aus DUPLO®-Steinen, Anzahl der Schritte ...).

Ähnlich wie das Heft „Forscher Freddis Fermiaufgaben" für die 3.–5. Klasse setzt auch das Heft „Forscherin Friedas Fermiaufgaben" genau dort an und fordert die Kinder mit insgesamt **12 motivierenden Aufgaben** im Karteikartenformat heraus. Diese wurden sowohl in der Komplexität als auch durch die Eingrenzung des Zahlenraums bis 100 auf die jüngeren Kinder der Schuleingangsphase angepasst und greifen Themen aus ihrer direkten Erfahrungswelt auf. Dadurch wird nicht nur die Kreativität der Kinder gefördert, sondern **ganzheitlicher Mathematikunterricht** betrieben. Die Kinder werden aufgefordert, Überlegungen zu verbalisieren und vor anderen Kindern darzustellen. **Hinweise für die Lehrkraft** zu Lösungsansätzen (s. S. 17–20) ergänzen das Schülermaterial und reduzieren den Vorbereitungsaufwand.
Außerdem finden Sie auf Seite 21 sowie unter *www.buchverlagkempen.de* (beim Artikel) je eine **Kopiervorlage,** die sich sowohl zur Festhaltung des Lösungsweges einer Kleingruppe als auch für die Bearbeitung in Einzelarbeit eignet.

Beide Hefte („Forscher Freddis Fermiaufgaben" und „Forscherin Friedas Fermiaufgaben") entsprechen dem gleichen Aufbau. Es gibt zu Beginn eine **Einstiegsaufgabe,** die sich für die erste Stunde und die gemeinsame Erarbeitung eignet. Die anschließenden **Aufgaben** sind **Themenfeldern** zugeordnet, die der Lebenswelt der Kinder entspringen und losgelöst voneinander bearbeitet werden können.
Zu jeder Aufgabe gibt es eine **Basisaufgabe,** die von der Komplexität überschaubar und oft in einem Schritt oder in wenigen Schritten lösbar ist. Zudem werden zu jeder Aufgabe eine **Impuls-** und eine **Tippkarte,** die den Kindern zusätzliche Hilfestellungen geben, sowie eine **weiterführende Aufgabe,** die in ihrer Komplexität anspruchsvoller ist und für schnelle Kinder hinzugezogen werden kann, angeboten.

Im vorliegenden Heft führt **„Frieda, Forscher Freddis kleine Schwester"** als **Leitfigur** durch das Schülermaterial und gibt den Kindern als wiederkehrendes Element eine ergänzende Struktur.

Ich wünsche Ihnen und Ihren Schüler*innen viel Spaß beim Lösen von Friedas Fermiaufgaben!

Ihre
Stefanie Burkhardt

Anmerkung: Liebe Lehrkraft, wir möchten in unseren Materialien niemanden benachteiligen oder diskriminieren. Daher nutzen wir unter anderem das Gendersternchen, um alle Geschlechter anzusprechen. In Texten für Schüler*innen verzichten wir jedoch aus Gründen der besseren Lesbarkeit darauf und nutzen weiterhin entweder die „neutrale" Form oder Doppelformen. Selbstverständlich sind stets alle Geschlechter gemeint.

Fermiaufgaben in der Grundschule

I. Was sind Fermiaufgaben?

Fermiaufgaben stellen einen besonderen Typ von Sachaufgaben dar. Sie gehen auf den italienischen Physiker Enrico Fermi (1901 – 1954) zurück, der als Professor an der Universität von Chicago dafür bekannt war, Student*innen Schätzaufgaben zu stellen.

Typisch an Fermiaufgaben ist, dass sie eine große Offenheit zulassen. Sie bestehen in der Regel aus einer Frage, in der keine Zahlen vorkommen und in der die alltägliche Erfahrungswelt aufgegriffen wird. Für die Beantwortung der Aufgabe ist es dann nötig, die Frage in Teilfragen zu zerlegen und individuelle Annahmen zu treffen. Daher gibt es zu Fermiaufgaben in der Regel auch nie nur ein richtiges Ergebnis. Vielmehr kommt es auf eine nachvollziehbare und begründbare Herangehensweise und das Abschätzen einer realistischen Größenordnung an.

II. Strategien zur Informationsbeschaffung

Da Fermiaufgaben meist ohne Zahlen auskommen, müssen diese fehlenden Daten von den Kindern selbst gewonnen werden. In den meisten Fällen sind die folgenden Strategien zielführend:

- Schätzen (z. B. Schülerzahl an der Schule)
- Größen ermitteln durch
    - Messen (z. B. Tischlänge oder Schulterbreite)
    - Wiegen (z. B. Gewicht einer Nudel)
- Expertenbefragung (z. B. Schulleiter*in, Lehrkraft)
- Recherche (z. B. im Internet oder in Büchern)

Gerade zu Beginn der Arbeit mit Fermiaufgaben ist es sinnvoll, diese Strategien mit den Kindern gemeinsam zu erarbeiten, da den Kindern die Vorgehensweise noch unbekannt ist. Die Vorgaben bei klassischen Textaufgaben (Frage – Rechnung – Antwort) lassen meist sehr wenig Spielraum für eigene Herangehensweisen und Interpretationen. Mit dieser neuen Offenheit müssen die Kinder in der Regel erst vertraut gemacht werden.

Einsatz im Unterricht

I. Nutzen von Fermiaufgaben im Unterricht

Durch den regulären Unterricht haben die Kinder gelernt, richtige Ergebnisse zu erzielen. Der Weg dorthin spielt hierbei meist eine untergeordnete Rolle. Bei Fermiaufgaben wird dieses Muster durchbrochen und eine veränderte Arbeitsatmosphäre geschaffen. Die Kinder werden dazu ermutigt, unterschiedliche Herangehensweisen und Ergebnisse zuzulassen und individuell zu überprüfen. Fermiaufgaben eignen sich hervorragend für den offenen Unterricht und ermöglichen auf diese Weise die Berücksichtigung vielfältiger *prozessbezogener Kompetenzen* (Problemlösen, Modellieren, Argumentieren, Kommunizieren, Darstellen).

II. Einsatz im Klassenverband

Das Werk wurde gezielt für den Einsatz im Klassenverband konzipiert. Hierzu gibt es zu verschiedenen Themengebieten unterschiedliche „Basisaufgaben“, die eine natürliche Differenzierungsstufe zulassen und somit für die gesamte Klasse bearbeitbar sind. Ergänzend stehen den Kindern zu jeder Aufgabe eine Impulskarte, eine Tippkarte (qualitative Differenzierung) und eine weiterführende Frage (quantitative Differenzierung) zur Verfügung. Alle im Werk enthaltenen Aufgaben wurden aus der eigenen Unterrichtspraxis heraus entwickelt. Eine Arbeit in Einzelarbeit ist aufgrund der Differenzierungsmöglichkeiten ebenso denkbar.

Fermiaufgaben eignen sich zudem für den **digitalen Unterricht,** entweder durch die Erarbeitung in digitalen Arbeitsgruppen oder im Plenum.

Eine Unterrichtsstunde könnte folgendermaßen aussehen:

Einstieg	Die Lehrkraft bespricht die Aufgabe mit den Kindern. (Die Karteikarte kann zum Beispiel auf eine Folie für den Overheadprojektor kopiert, mit Hilfe einer Dokumentenkamera projiziert oder vergrößert an die Tafel gehängt werden.) Im Plenum werden Sachverhalte diskutiert und eventuell an der Tafel festgehalten, die für die Bearbeitung der Aufgabe wichtig sind (Vorlage: Impulskarte). Es ist auch möglich, diese Phase bereits in der Gruppenarbeit bearbeiten zu lassen und die Impulskarte bei Bedarf in die Gruppe zu geben.
Arbeitsphase	Die Kinder erarbeiten in Kleingruppen (max. vier Kinder) die Aufgabe. Zur qualitativen Differenzierung ist eine Tippkarte vorhanden. Schnell arbeitenden Kindern steht eine weiterführende Frage (passend zum Thema) auf der Aufgabenkarte zur Verfügung. Die Lösung und der Lösungsweg können entweder auf weißen Blättern oder der Kopiervorlage (s. S. 21 bzw. *www.buchverlagkempen.de* → MA33 → Zusatzmaterial) festgehalten werden. Dadurch kann die Arbeitsphase für die Kinder vorstrukturiert werden.
Reflexion	Vor der eigentlichen Besprechung der Aufgabe bietet sich für die Würdigung aller Leistungen ein Museumsgang an, bei dem die Kinder sich alle Lösungsblätter ansehen und diese miteinander vergleichen können. Meist fallen an dieser Stelle schon Unterschiede auf. Im Anschluss erfolgt die Präsentation einzelner Gruppen und die Diskussion im Plenum. Abschließend kann das Ergebnis noch gemeinsam überprüft werden (falls möglich).

III. Einsatz in offenen Arbeitsphasen

Die einzelnen Aufgaben in diesem Heft sind im **Karteikartenformat** gedruckt worden und ermöglichen einen **flexiblen Einsatz im Unterricht.** Auf diese Weise können die Aufgaben sowohl im gemeinsamen Unterricht als auch in laminierter Form als Knobelkartei in offenen Unterrichtsformen (z. B. Freiarbeit, Werkstattarbeit) genutzt werden. Der Umgang mit den Aufgaben und der Aufbau der Kartei (Impuls- und Tippkarten usw.) sollte den Kindern bekannt sein. Die gemeinsame Erarbeitung einer Aufgabe im Unterricht (als Einstieg, Gruppenarbeit oder Abschlussreflexion) ist für die Kinder jedoch am gewinnbringendsten.

IV. Hinweise für die Lehrkraft

Ab Seite 17 werden alle „Basisaufgaben" für die Lehrkraft aufgearbeitet und wichtige Fakten, die zur Lösung der jeweiligen Aufgabe nötig sind, aufgelistet. Hierbei dienen die Daten lediglich der Orientierung und sind gegebenenfalls an die jeweilige Situation (z. B. Schule) anzupassen. Der Lösungsansatz wird für die Lehrkräfte möglichst präzise angegeben und beinhaltet möglicherweise Dezimalzahlen.
Bei jeder Aufgabe werden folgende Aspekte berücksichtigt: benötigte Materialien, hilfreiche Strategien zur Lösungsfindung, Daten / Fakten, Lösungsansatz, Möglichkeit der Überprüfung, ggf. Quellen.

Aufgabe

Wie viele Lehrkräfte gibt es an deiner Schule?

Weiterführende Frage

Wie viele Kinder gibt es an deiner Schule?

Einstiegsaufgabe

Impulse

- Wie viele Klassen gibt es?
- Gibt es neben den Klassenlehrkräften noch andere Lehrkräfte?
- Gehört der Schulleiter / die Schulleiterin dazu?
- …

Einstiegsaufgabe

Tipp

An einer Schule mit zwei Klassen in einer Stufe (1a, 1b) gibt es meist 8 Klassenlehrerinnen / Klassenlehrer.

Einstiegsaufgabe

Aufgabe

Wie viele Räume gibt es an deiner Schule?

Weiterführende Frage

Wie viele Türen gibt es an deiner Schule?

Schulleben 1

Impulse

- Wie viele Klassen(räume) gibt es? (Eine Klasse kann aus mehreren Räumen bestehen.)
- Welche anderen Räume an deiner Schule kennst du? (Mehrzweckräume, Computerräume oder Betreuungsräume, Verwaltung)?
- …

Schulleben 1

Tipp

In einer Schule mit zwei Klassen in einer Stufe (1a, 1b) gibt es meist 8 Klassenräume. Die Betreuung am Nachmittag nutzt oft noch eigene Räume.

Schulleben 1

BVK • Stefanie Burkhardt • Forscherin Friedas Fermiaufgaben • S. 6

Aufgabe

Wie viele Tablets gibt es an deiner Schule?

Weiterführende Frage

Wie viele Stunden benutzt du in der Woche ein Tablet?

Schulleben 2

Impulse

- Wie viele Tablets gibt es in den Klassen?
- Werden die Tablets zwischen den Klassen geteilt?
- Gibt es Tablets für die Lehrkräfte?
- …

Schulleben 2

Tipp

In vielen Schulen teilen sich die Kinder einer Stufe einen Tabletkoffer. Darin sind dann meist Tablets für eine gesamte Klasse, also etwa 25 Stück.

Schulleben 2

Aufgabe

Wie lang ist die Schlange, wenn sich 3 Kinder deiner Klasse nebeneinander in eine Reihe stellen?

Weiterführende Frage

Wie lang ist die Schlange, wenn sich alle Kinder deiner Klasse nebeneinanderstellen?

Schulleben 3

Impulse

- Wie breit ist ein Kind?
- Wie viel Abstand ist zwischen den Kindern?
- …

Schulleben 3

Tipp

Die Schulterbreite eines Grundschulkindes beträgt etwa 30 – 40 cm.

Schulleben 3

Aufgabe

Wie viele Stunden verbringst du in der Woche in der Schule?

Weiterführende Frage

Wie viele Stunden verbringst du in der Woche zu Hause?

Schulleben 4

Impulse

- Wie viele Stunden bist du an den einzelnen Tagen (Montag …) in der Schule?
- Gehst du in die Betreuung nach dem Unterricht (z. B. OGS)? Wie lange?
- …

Schulleben 4

Tipp

Die Schule beginnt um 8 Uhr und endet meist nach der 4. oder 5. Stunde, also etwa gegen 12 Uhr.

Schulleben 4

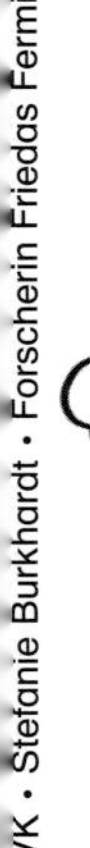

BVK • Stefanie Burkhardt • Forscherin Friedas Fermiaufgaben • S. 9
BVK • Stefanie Burkhardt • Forscherin Friedas Fermiaufgaben • S. 9

Aufgabe

Wie viele Fahrräder stehen täglich ungefähr an deiner Schule?

Weiterführende Frage

Wie viele Fahrräder brauchst du, um eine 5 Meter lange Schlange zu bilden?

Impulse

- Wie viele Klassen / Kinder gibt es an deiner Schule?
- Wie viele Kinder einer Klasse kommen täglich mit dem Fahrrad zur Schule?
- Gibt es Fahrradständer und wie viele Fahrräder kann man hier abstellen?
- …

Schulleben 5

Tipp

Aus einer Klasse kommen etwa 5 Kinder mit dem Fahrrad zur Schule.

Schulleben 5

Aufgabe

Wie viele Lichtschalter gibt es bei dir zu Hause?

Weiterführende Frage

Wie viele Lampen gibt es bei dir zu Hause?

Leben der Kinder 1

Impulse

- Wie viele Zimmer gibt es?
- Gibt es in jedem Raum nur einen Schalter?
- Gibt es noch an anderer Stelle Schalter (z. B. im Flur)?
- Gibt es Schalter an Lampen?
- …

Leben der Kinder 1

Tipp

Die meisten Zimmer haben einen Lichtschalter an der Wand.

Leben der Kinder 1

Aufgabe

Wie viele Kinder deiner Schule besitzen einen Hund als Haustier?

Weiterführende Frage

Wie viele Kinder deiner Schule besitzen ein Kleintier (Kaninchen, Meerschweinchen, Hamster …)?

Leben der Kinder 2

Impulse

- Wie viele Kinder in deiner Klasse besitzen einen Hund?
- Wie viele Klassen gibt es an deiner Schule?
- …

Leben der Kinder 2

Tipp

Meist gibt es 3 – 5 Kinder in der Klasse, die einen Hund besitzen.

Leben der Kinder 2

Aufgabe

Wie viele DUPLO®-Steine brauchst du für einen 1 Meter hohen Turm?

Weiterführende Frage

Wie viele DUPLO®-Steine benötigst du, um einen Turm in deiner Größe zu bauen?

Leben der Kinder 3

Impulse

- Wie hoch ist ein DUPLO®-Stein?
- Haben DUPLO®-Steine alle dieselbe Höhe?
- …

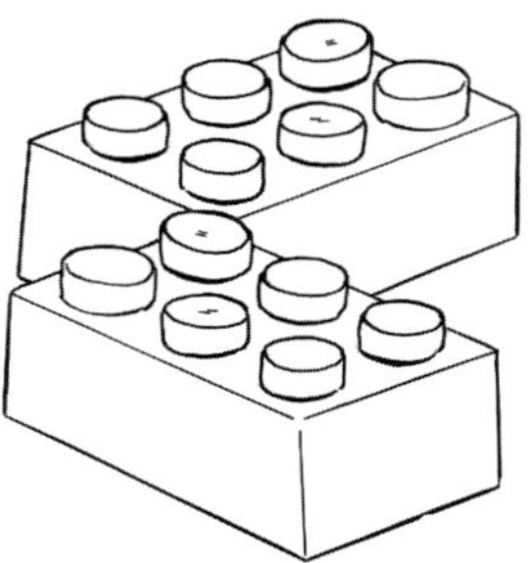

Leben der Kinder 3

Tipp

Ein DUPLO®-Stein ist etwa 2 cm hoch.

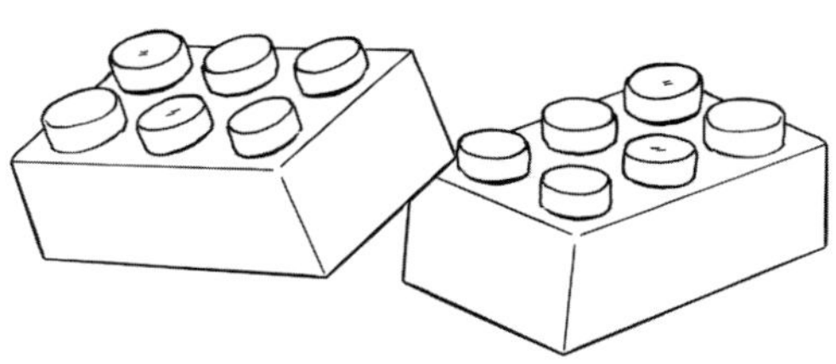

Leben der Kinder 3

Aufgabe

Wie viele „Lakritz-Schnecken“ benötigst du, um die Länge deines Schreibtisches auszumessen?

Weiterführende Frage

Wie viele „Lakritz-Schnecken“ sind in einer Packung (200 g)?

Leben der Kinder 4

Impulse

- Wie lang ist eine ausgerollte Schnecke?
- Wie lang ist der Schreibtisch?
- …

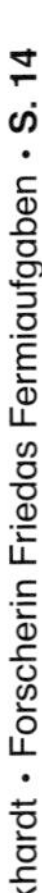

Leben der Kinder 4

Tipp

Eine ausgerollte „Lakritz-Schnecke“ ist etwa 60 cm lang.

Leben der Kinder 4

Aufgabe

Wie viele Schritte musst du gehen, um 10 Meter weit zu laufen?

Weiterführende Frage

Wie viele Schritte benötigt ein Erwachsener?

Leben der Kinder 5

Impulse

- Wie groß ist ein Kinderschritt?
- Wie unterscheiden sich die Schrittlängen?
- …

Leben der Kinder 5

Tipp

Für einen Meter brauchst du etwa 3 Schritte.

Leben der Kinder 5

Aufgabe

Wie viele Gläser Wasser trinkst du an einem Tag?

Weiterführende Frage

Wie viele Gläser Wasser trinkt deine Familie an einem Tag?

Impulse

- Wie viel trinkst du beim Frühstück, Mittagessen, Abendessen?
- Wie viel trinkst du in der Schule?
- Ist das Glas immer komplett gefüllt?
- …

Leben der Kinder 6

Tipp

Das Wasser der Trinkflasche für die Schule passt etwa in zwei Gläser.

Leben der Kinder 6

BVK • Stefanie Burkhardt • Forscherin Friedas Fermiaufgaben • S. 16

Hinweise für die Lehrkraft

Aus Gründen der besseren Lesbarkeit wird im Folgenden auf eine sprachliche Differenzierung der Geschlechterbezeichnungen verzichtet. Wir haben uns hier für die „neutrale“ Form entschieden, selbstverständlich sind stets alle Geschlechter angesprochen.

Einstiegsaufgabe

Wie viele Lehrkräfte gibt es an deiner Schule?

Benötigte Materialien zur Lösungsfindung: –
Hilfreiche Strategien zur Lösungsfindung: Schätzen, Expertenbefragung
Daten / Fakten: –
Lösungsansatz für eine zweizügige Schule: 8 Klassenlehrer, 1 Sonderpädagoge, 2 Fachlehrer, 1 Schulleiter → 8 + 1 + 2 + 1 = 12 Lehrkräfte
Möglichkeit der Überprüfung: Befragung Schulleitung / Sekretariat

Schulleben

1. Wie viele Räume gibt es an deiner Schule?

Benötigte Materialien zur Lösungsfindung: –
Hilfreiche Strategien zur Lösungsfindung: Schätzen, Expertenbefragung
Daten / Fakten: –
Lösungsansatz für eine zweizügige Schule: 8 Klassenräume, 1 Computerraum, 1 Lehrerzimmer, 1 Sekretariat, 1 Schulleiterzimmer, 2 Förderräume, 1 Mehrzweckraum, 3 Räume der Betreuung → 8 + 1 + 1 + 1 + 1 + 2 + 1 + 3 = 18 Räume
Möglichkeit der Überprüfung: Schulbegehung

2. Wie viele Tablets* gibt es an deiner Schule?

Benötigte Materialien zur Lösungsfindung: –
Hilfreiche Strategien zur Lösungsfindung: Schätzen, Expertenbefragung
Daten / Fakten: –
Lösungsansatz für eine zweizügige Schule: Immer zwei Klassen teilen sich einen Klassensatz an Tablets; 1 Lehrertablet pro Klasse → 25 • 4 = 100 Tablets für die Kinder, 8 Lehrertablets → 100 + 8 = 108 Tablets
Möglichkeit der Überprüfung: Befragung Schulleitung / Sekretariat, Schulbegehung
* Das Tablet kann auch durch einen Laptop oder Computer ersetzt werden.

3. Wie lang ist die Schlange, wenn sich 3 Kinder deiner Klasse nebeneinander in eine Reihe stellen?

Benötigte Materialien zur Lösungsfindung: Messinstrumente (Zollstock, Messbänder …)
Hilfreiche Strategien zur Lösungsfindung: Abmessen von Körperbreiten, Abständen
Daten / Fakten: • Schulterbreite eines 7-jährigen Kindes: ca. 30 cm (Die Schulterbreite von Mädchen und Jungen ist in dem Alter meist noch sehr ähnlich.) • Abstand zwischen den Kindern: ca. 30 – 40 cm
Lösungsansatz: • 30 cm • 3 Kinder = 90 cm • Abstand von 30 cm zwischen den Kindern → 30 cm + 30 cm = 60 cm → Gesamtlänge: 90 cm + 60 cm = 150 cm
Möglichkeit der Überprüfung: Bilden einer „Schülerschlange“

4. Wie viele Stunden verbringst du in der Woche in der Schule?

Benötigte Materialien zur Lösungsfindung: Stundenplan, Uhr
Hilfreiche Strategien zur Lösungsfindung: Schätzen, Recherche
Daten / Fakten: • Gesamtunterrichtszeit in Wochenstunden in der Schuleingangsphase: 21 – 23 Stunden • Pausenzeiten: Frühstückspause: ca. 10 Minuten, große Pause: ca. 20 Minuten, kleine Pause: ca. 15 Minuten
Lösungsansatz für ein Kind: (Die Kinder werden sich der Lösung höchstwahrscheinlich mit der Berechnung ganzer Stunden nähern.) → 45 Minuten Pausenzeit • 5 Tage = 225 Minuten; 225 Minuten : 60 Minuten = 3,75 Stunden Pause in der Woche → 3,75 Stunden Pause + 22 Stunden Unterricht = ca. 26 Stunden in der Schule (ohne Berücksichtigung von Betreuungszeiten)
Möglichkeit der Überprüfung: gemeinsame Betrachtung des Stundenplans, Uhr
Quelle: *https://bass.schul-welt.de/6181.htm* (Nordrhein-Westfalen)

5. Wie viele Fahrräder* stehen täglich ungefähr an deiner Schule?

Benötigte Materialien zur Lösungsfindung: 1 Fahrrad zur Ansicht (weiterführende Aufgabe)
Hilfreiche Strategien zur Lösungsfindung: Schätzen
Daten / Fakten: –
Lösungsansatz für eine zweizügige Schule: ca. 25 Kinder je Klasse, 8 Klassen, ca. 5 Kinder kommen täglich mit dem Fahrrad 8 • 5 = 40 Fahrräder
Möglichkeit der Überprüfung: Zählen der Fahrräder auf dem Schulhof
* Die Fahrräder können je nach Situation auch durch Roller ersetzt werden.

Leben der Kinder

1. Wie viele Lichtschalter gibt es bei dir zu Hause?

Benötigte Materialien zur Lösungsfindung: ggf. Skizze / Grundriss einer Wohnung / eines Hauses

Hilfreiche Strategien zur Lösungsfindung: Schätzen

Daten / Fakten: –

Lösungsansatz für eine Dreizimmerwohnung:
- festmontierte Schalter: 1 Schalter in der Küche, 2 Schalter im Wohnzimmer, 2 Schalter im Flur, 1 Schalter im Bad, 1 Schalter im Schlafzimmer, 2 Schalter im Kinderzimmer
- angebrachte Lampen mit Schalter: 1 Unterschrankbeleuchtung in der Küche, 2 Nachttischlampen im Schlafzimmer, 1 Nachttischlampe und 1 Schreibtischlampe im Kinderzimmer

→ 1 + 2 + 2 + 1 + 1 + 2 = 9 festmontierte Schalter 1 + 2 + 1 + 1 = 5 angebrachte Lampen mit Schalter
→ 9 + 5 = 13 Schalter

Möglichkeit der Überprüfung: Nachzählen als Hausaufgabe

2. Wie viele Kinder deiner Schule besitzen einen Hund* als Haustier?

Benötigte Materialien zur Lösungsfindung: –

Hilfreiche Strategien zur Lösungsfindung: Schätzen, Expertenbefragung

Daten / Fakten: –

Lösungsansatz für eine zweizügige Schule:
etwa 5 Hundehaushalte pro Klasse
→ 8 Klassen • 5 Hunde = 40 Hundehaushalte an der Schule

Möglichkeit der Überprüfung: Befragung der einzelnen Klassen

* Der Hund kann je nach Situation auch durch ein anderes Tier ersetzt werden.

3. Wie viele DUPLO®-Steine brauchst du für einen 1 Meter hohen Turm?

Benötigte Materialien zur Lösungsfindung: DUPLO®-Steine, Messinstrumente (Lineal, Zollstock, Messbänder …)

Hilfreiche Strategien zur Lösungsfindung: Schätzen, Messen

Daten / Fakten: Höhe eines „klassischen“ DUPLO®-Steins: 1,9 cm

Lösungsansatz:
Für einen 1 Meter hohen Turm benötigt man demnach 53 „klassische“ Steine.
(Kinder, die mit ganzen Zahlen rechnen (2 cm), werden auf 50 Steine kommen.)

Möglichkeit der Überprüfung: Bauen eines Turms → Vergleich der unterschiedlichen Ergebnisse

Quelle: DUPLO®

4. Wie viele „Lakritz-Schnecken" benötigst du, um die Länge deines Schultisches auszumessen?

Benötigte Materialien zur Lösungsfindung: geschlossene Packung „Lakritz-Schnecken", Messinstrumente (Lineal, Zollstock, Messband ...), „Lakritz-Schnecken" zur Ansicht
Hilfreiche Strategien zur Lösungsfindung: Schätzen, Messen
Daten / Fakten: • Länge eines „klassischen" Schultisches für zwei Kinder: 1,30 m • Länge einer ausgerollten „Lakritz-Schnecke": ca. 60 cm • Gewicht einer Lakritz-Schnecke: 16 g
Lösungsansatz: • Ausmessen des Tisches mit einer ausgerollten „Lakritz-Schnecke": ca. 2 Schnecken • durch Dividieren: 130 cm : 60 cm = 2,167 Schnecken
Möglichkeit der Überprüfung: gemeinsames Ausmessen des Tisches
Quelle: HARIBO

5. Wie viele Schritte musst du gehen, um 10 Meter weit zu laufen?

Benötigte Materialien zur Lösungsfindung: Messinstrumente (Zollstock, Lineal, Messbänder ...)
Hilfreiche Strategien zur Lösungsfindung: Schätzen, Messen
Daten / Fakten: beispielhafte Schrittlänge eines 7-jährigen Kindes: 33 cm
Lösungsansatz: (Die Kinder werden ggf. 1 m mit dem Zollstock ausmessen und ablaufen und dann auf 10 m umrechnen.) 10 m : 0,33 m = 30,3 → etwa 30 – 31 Schritte
Möglichkeit der Überprüfung: Abstecken der 10-m-Strecke auf dem Schulhof oder der Turnhalle

6. Wie viele Gläser Wasser trinkst du an einem Tag?

Benötigte Materialien zur Lösungsfindung: ggf. verschiedene Gläser, Messbecher
Hilfreiche Strategien zur Lösungsfindung: Schätzen, Messen, Recherche
Daten / Fakten: Laut den Angaben der „Deutschen Gesellschaft für Ernährung e. V." sollte ein Kind im Alter von 4 – 7 Jahren 940 ml und ein Kind im Alter von 7 – 10 Jahren 970 ml Wasser in Form von Getränken aufnehmen.
Lösungsansatz mittels Anzahl an Gläsern: (beispielhaft anhand eines 200-Milliliter-Glases) • Frühstück: ½ Glas Wasser • Schule: 1 kleine Flasche Wasser (= 2 Gläser) • Mittagessen: 1 Glas Wasser • Nachmittag / Spielen: ½ Glas Wasser • Abendessen: ½ Glas Wasser → Insgesamt: ½ + 2 + 1 + ½ + ½ = 4 ½ Gläser Wasser am Tag
Möglichkeit der Überprüfung: Liste führen als Hausaufgabe für den folgenden Tag
Quelle: *www.dge.de/wissenschaft/referenzwerte/wasser*